La
admirable aventura
de Malala

La admirable aventura de Malala

Maria Inês Almeida

Ilustraciones de
Sandra Lavandeira

 Planeta

Obra editada en colaboración con Planeta Manuscrito – Portugal

Diseño de portada: Guidesign
Ilustración de portada: Sandra Lavandeira
Ilustraciones de interiores: Sandra Lavandeira
Diseño de interiores: Guidesign
Traducción: Cristina Díaz Padilla

© 2015, María Inés Almeida
© 2015, Planeta Manuscrito – Portugal
Planeta Manuscrito es un sello editorial de Planeta Manuscrito Unipessoal
Lda. Portugal

Derechos reservados

© 2016, Editorial Planeta Mexicana, S.A. de C.V.
Bajo el sello editorial PLANETA M.R.
Avenida Presidente Masarik núm. 111, Piso 2
Colonia Polanco V Sección
Delegación Miguel Hidalgo
C.P. 11560, Ciudad de México
www.planetadelibros.com.mx

Primera edición impresa en Portugal: mayo de 2015
ISBN: 978-989-657-642-4

Primera edición impresa en México: septiembre de 2016
Segunda reimpresión en México: julio de 2018
ISBN: 978-607-07-3606-3

Impreso en los talleres de Litográfica Ingramex, S.A. de C.V.
Centeno núm. 162-1, colonia Granjas Esmeralda, Ciudad de México
Impreso en México – *Printed in Mexico*

A mi hijo, José, quien a los seis años, en el otoño de 2014,
no quiso salir de una librería sin que le comprara
un libro sobre Malala.

Malala era una niña de quince años cuyo mayor sueño era aprender, recibir educación.

Malala vivía feliz en Pakistán, en el valle de Swat, un valle rodeado de altas montañas con las cimas cubiertas de nieve en la temporada más fría, de donde vienen los ríos de agua pura, que a veces caen en cascadas y permanecen retenidos en lagos. El valle está alfombrado de verde y salpicado por otros colores vivos en la época de flores.

Un día, al salir de la escuela donde cursaba la secundaria, le dieron un tiro en la cabeza.

Quien le disparó a Malala no quería que ella fuera a la escuela, porque pensaba que, a diferencia de los muchachos, las chicas no debían recibir educación.

Puede ser difícil creer que alguien piense de esta manera, pero eso fue lo que sucedió realmente. Esta historia es auténtica y sucedió hace muy poco tiempo, no es una historia antigua.

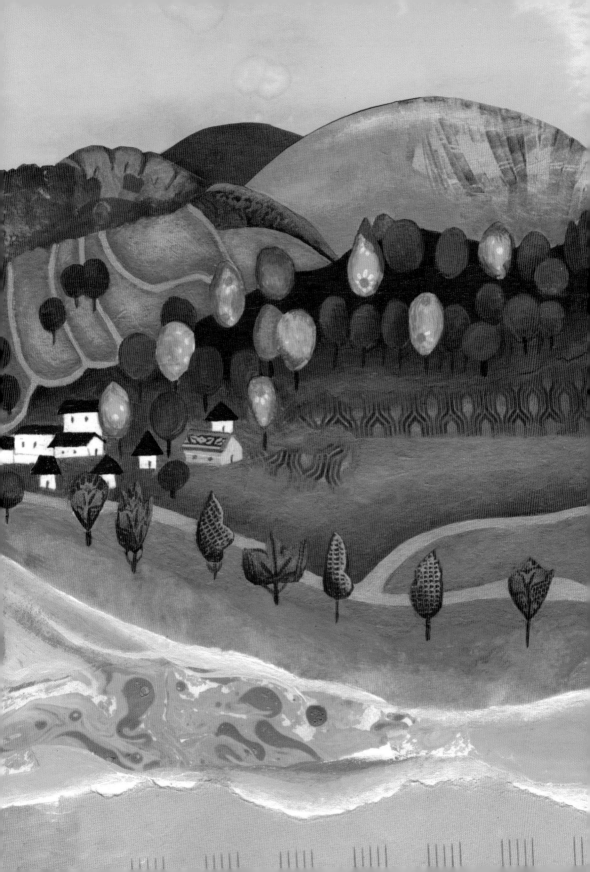

Malala nació el 12 de julio de 1997 en el valle de Swat, en Pakistán, un país que forma parte de Asia. Como su familia no tenía dinero para pagar el hospital, el nacimiento de Malala fue en casa, con la ayuda de una vecina.

La mamá de Malala había abandonado la escuela muy pronto, siendo aún niña (todos sus compañeros de grupo eran niños), y nunca aprendió a leer. Pero el papá de Malala, a diferencia de su mamá, había recibido educación, leía muchos libros y sabía hablarles a las personas. Él pensaba que la educación era importante para el progreso de la sociedad e incluso había abierto una escuela antes de que su hija naciera.

Malala fue la primera hija de la pareja, nació temprano por la mañana, al rayar el día, lo que el pueblo pastún, que habita el valle de Swat, considera una señal muy esperanzadora. A su papá, al ver los ojos de Malala, le pareció que ella tenía algo especial, y no se cansaba de decírselo a las personas.

Entre los pastunes se hacen grandes fiestas para celebrar el nacimiento de un niño, pero cuando se trata de una niña parece que la familia se avergüenza y no sucede nada especial, como si quisieran esconder al bebé. Sin embargo, el papá de Malala decidió festejar su llegada al mundo invitando a la familia, a los vecinos y amigos, como si hubiera tenido un hijo. Fue él quien eligió el nombre, en honor a Malalai de Maiwand, la más grande heroína en la historia de Afganistán, un país que está justo al lado del valle de Swat y por donde también se extiende el pueblo pastún.

Pero al abuelo de Malala no le gustó que su hijo le pusiera ese nombre, porque le parecía triste, ya que Malalai quiere decir «tocada por el dolor».

La familia vivía en Mingora, la ciudad más importante de Swat, donde el papá de Malala tenía su escuela, a la que le puso el nombre de Khushal, un héroe pastún, guerrero y poeta. Khushal fue también el nombre que recibió el hermano de Malala, quien nació dos años después que ella. Cinco años más tarde nació su otro hermano, Atal.

El papá de Malala creía que la educación era un derecho de todos, niños y niñas, porque les permitía tener una vida mejor y evitaba que se dejaran engañar por quien está en el poder. Para ser elegidos, los políticos hacen promesas que después muchas veces no cumplen, además de que algunos de ellos abusan de las personas. Si todas las personas tuvieran educación, ellos no podrían hacer eso con tanta facilidad.

Desde muy chica, Malala se acostumbró a asistir a la escuela de su papá, incluso antes de tener la edad para aprender. Se sentaba en los salones de clase al lado de los alumnos (más grandes que ella), y escuchaba con atención lo que decían los profesores. A veces llegaba a casa y los imitaba. Eso hizo que le dieran muchas ganas de aprender más y más.

Toda la familia de Malala practicaba la religión musulmana (o islámica), como la mayoría de los habitantes de Pakistán y de Afganistán. A semejanza de los cristianos, los musulmanes también creen en un único Dios y tienen su libro sagrado, el Corán, aunque también consideren sagrada una parte de la Biblia. Las religiones de los judíos, de los cristianos y de los musulmanes son llamadas «las religiones del Libro» porque tienen un mismo libro sagrado, la Biblia, y en el fondo, un mismo Dios en común. Las personas muchas veces complican lo que es simple, y así ha sido siempre a lo largo de los siglos, en las religiones y en las sociedades.

Desde hace mucho tiempo los musulmanes están divididos en grupos, confesiones y sectas que no se ponen de acuerdo sobre la forma de aplicar lo que está escrito en el Corán. Lo mismo sucede entre los cristianos, pero algunas sectas musulmanas defienden sus ideas atacando a los otros con violencia.

Uno de los grupos musulmanes más violentos es el de los talibanes. Los talibanes conquistaron el poder en Afganistán en 1996 y apoyaron a un grupo terrorista que cometió un gran atentado en los Estados Unidos el 11 de septiembre de 2001, con aviones de pasajeros que se impactaron a plena luz del día contra los dos edificios más altos de la ciudad de Nueva York —conocidos como las Torres Gemelas—, lo que causó su destrucción y muchísimas muertes. También pusieron explosivos en transportes públicos de Londres y Madrid, así como en otros lugares fuera de Europa, provocando un elevado número de víctimas de las más diversas razas y religiones (incluyendo la musulmana) y una enorme desgracia e infelicidad.

Debido a los atentados los estadounidenses decidieron invadir Afganistán, porque decían que allá se refugiaban los responsables del derrumbe de las Torres Gemelas. El país entró en guerra y, como consecuencia de esto, los talibanes se extendieron de Afganistán hacia el valle de Swat, hasta que comenzaron definitivamente a mandar en esa región y a controlar la vida de las personas.

Si estos talibanes imponían una vida terrible a la población de Afganistán, en el valle de Swat la religión practicada hasta entonces era pacífica y tolerante, nadie les hacía daño a los otros debido a su fe. También la familia de Malala era así. Ella miraba el valle como si fuera un paraíso. Le gustaba sentarse en el tejado de su casa, observar las montañas y ponerse a soñar con las cosas buenas de la vida.

Cuando Malala entró a la escuela casi siempre tenía las mejores calificaciones de su grupo. Le gustaba estudiar y sentía que para ella era muy importante la educación, pues más tarde podría tener una carrera profesional.

Ya vimos que, debido a los prejuicios de la sociedad pakistaní, en esta tierra las mujeres son menos tomadas en cuenta que los hombres, usan por tradición un velo para cubrir su cabeza y ocultar parte de su cara, y muchas no tienen autorización para estudiar o hasta para salir de su domicilio cuando crecen. Por eso, la mayoría termina por quedarse en casa para cuidar de su hogar y sus hijos, pocas tienen una profesión y mucho menos acaban los estudios universitarios. Las que los terminan llegan a ser sobre todo médicas o profesoras. La mayoría de las compañeras de Malala querían ser una cosa u otra, ella también anhelaba ser médica, pero después quiso ser inventora, para crear una máquina capaz de descubrir y destruir las armas de los talibanes.

De cualquier forma, Malala no creía que la función de las mujeres consistiera en quedarse en casa para cuidar a la familia, y pensaba que ellas tenían tanto derecho como los hombres a desempeñar una profesión. En eso seguía las ideas de su papá, que defendía que niños y niñas debían tener el mismo tipo de educación, por eso en su escuela había grupos mixtos, de muchachos y muchachas (algo muy raro en Pakistán).

Al contrario de lo que hacen por tradición casi todas las niñas y mujeres del valle de Swat, Malala no ocultaba su rostro con el velo cuando salía de casa. Usaba el velo, pero sólo para cubrir su cabello. Entendía que no había nada de malo en que las mujeres, así como los hombres, mostraran su rostro a las otras personas, ya fueran conocidas o no.

Mucha gente, aun de su propia familia, pensaba que Malala se excedía en su comportamiento y que sus papás debían obligarla al decoro que se impone al sexo femenino. Su mamá estaba algo de acuerdo con esto, a veces se avergonzaba porque en la calle las personas miraban a su hija por andar con el rostro descubierto. Pero su papá decía: «Malala será libre como un pajarito».

La llegada de los talibanes cambió por completo la vida de Malala y de toda la gente en Swat. Como ellos piensan que las niñas no deben recibir educación, la escuela Khushal dejó de tener letrero en la puerta, para que no pudieran identificarla. El papá de Malala creyó que sería más seguro que los grupos dejaran de ser mixtos: las muchachas estarían en un lado y los muchachos en otro. Las alumnas tuvieron miedo de usar el uniforme azul marino de la escuela y comenzaron a esconder sus mochilas debajo de su ropa, para que en la calle nadie se diera cuenta de que estaban estudiando.

Aunque la mayoría de las corrientes musulmanas respetan a las otras religiones, el extremismo de los talibanes los lleva a eliminar los símbolos que representen creencias diferentes a la suya. En Afganistán ya habían hecho estallar con dinamita dos estatuas gigantes, con la altura de edificios de diecisiete y doce pisos, que habían sido esculpidas hace casi mil quinientos años y que representaban a Buda, el maestro fundador de la religión budista, nacida en Asia. En el valle de Swat destruyeron también una gran efigie de Buda, creada hace mil trescientos años, la cual, aunque mucho más pequeña que las estatuas de Afganistán, era un monumento del que se enorgullecía mucho aquel pueblo.

Además, cancelaron los canales de televisión por cable y Malala ya no pudo ver sus programas preferidos, como las telenovelas producidas en la India, un país vecino de Pakistán. Quemaron también televisores y computadoras en grandes hogueras en las calles, así como todos los DVD y CD que encontraron, porque creían que todo eso servía para transmitir a las personas ideas contrarias al extremismo islámico que ellos defendían y que querían imponer a toda la gente.

Por la misma razón, las peluquerías fueron obligadas a cerrar y los hombres tuvieron que usar barba y cabello largos. Y las mujeres —que antes ni siquiera tenían peluquero y se tenían que arreglar en casa— no podían ahora usar joyas, pintarse las uñas o utilizar cualquier tipo de producto cosmético.

Peor aún fue cuando comenzaron a destruir escuelas con bombas. La vida se estaba volviendo insoportable para todos aquellos que querían vivir en libertad, como era el caso de Malala y su familia.

El miedo se instaló entre las personas: muchas familias sacaron a sus hijas de las escuelas y el grupo de Malala, que tenía veintisiete muchachas, quedó reducido a diez. Incluso hubo profesores que dejaron de asistir a la escuela Khushal.

Pero el papá de Malala no se resignó y decidió comenzar a hablar en contra de lo que los talibanes estaban haciendo. Su hija estaba tan indignada como él; aunque todavía no había cumplido doce años, acompañaba a su papá a los estudios de televisión, donde también era entrevistada, y defendía las mismas ideas.

De un momento a otro empezó a ser conocida por todas las personas. A pesar de su edad, argumentaba con seguridad y convicción, porque había aprendido con su papá los métodos para hacer discursos. Su primer discurso público, que dio en septiembre de 2008, se titulaba: «¿Cómo se atreven los talibanes a quitarme el derecho fundamental a la educación?». Todas las noches rezaba para que Alá le diera fuerzas, y solía decir una frase del Corán: «La falsedad ha de desaparecer y la verdad prevalecerá».

No contentos con lo que habían hecho, los talibanes decidieron anunciar a través de la radio que ninguna niña podía ir a la escuela. La primera vez que escuchó eso, Malala pensó que era una broma, pero no: ella tenía prohibido seguir aprendiendo.

La verdad prevalecerá

La falsedad ha de desaparecer

La parte femenina de la escuela Khushal fue obligada a cerrar. Como ya se hablaba de Malala debido al apoyo público que ella daba a su papá, una estación de radio con sede en el Reino Unido pero de proyección mundial, la BBC, la invitó a escribir un diario sobre la vida de una niña en una tierra dominada por los talibanes. El relato aparecía firmado con otro nombre, Gul Makai, para que Malala no corriera peligro, y no era leído ante los micrófonos, sino escrito en internet. «Tengo miedo», fueron las primeras palabras que escribió al iniciar el diario, que era publicado en la lengua de su pueblo —el urdu— y en inglés.

Al mismo tiempo, un periodista estadounidense comenzó a hacer una película sobre el día a día de Malala. Y ella seguía apareciendo en la televisión sin esconder su rostro, defendiendo el derecho de las niñas a la educación en condiciones de igualdad con los muchachos. «La escuela no es oriental ni occidental, es humana», decía ella.

Debido a las protestas, los talibanes terminaron autorizando
la apertura de escuelas para niñas, pero sólo hasta los diez años.
Malala y otras compañeras, aunque eran más grandes, iban
disfrazadas a la escuela de su papá, sin uniforme y con los libros
escondidos, para continuar aprendiendo.

Aun así, fue imposible para la familia de Malala continuar en
el valle de Swat y, tal como hicieron muchos otros habitantes,
tuvieron que partir en busca de otro lugar para vivir. Como no
había espacio en el vehículo, Malala fue obligada a abandonar sus
libros, que tanto placer le daban cuando los leía, y lloró al dejar su
tierra natal.

Fueron a vivir con un tío y su familia a la aldea donde había nacido su mamá, y Malala siguió dando discursos con su papá en favor de la educación para las muchachas. Cuando en la escuela donde asistía hubo una fiesta organizada para los papás de los alumnos, los muchachos actuaron en el gran salón donde se encontraba la concurrencia, pero las muchachas no. Ellas tuvieron que hablar por micrófono desde el salón de clases, para ser escuchadas por el público. Pero Malala se negó a permanecer ahí y fue hasta el gran salón para recitar un poema frente a toda la gente.

En cierto momento, ella y su papá fueron invitados a participar en una conferencia que tuvo lugar en la capital de Pakistán, Islamabad, con la presencia de un conocido diplomático estadounidense, Richard Holbrooke. Como Malala se sentó al lado de él, no se contuvo y le dijo que pidiera ayuda al gobierno de los Estados Unidos de América para que las muchachas pudieran tener acceso a la educación.

Malala, sus padres y hermanos siguieron andando de ciudad en ciudad, acogidos por familiares, en una agitación tan grande que la familia se olvidó del día en que ella cumplía doce años. A pesar de no haber tenido fiesta de cumpleaños, poco tiempo después sucedió algo bueno, un auténtico regalo: la tropa de Pakistán expulsó a los talibanes del valle de Swat y todos podían, finalmente, regresar a casa.

En Swat había muchas cosas destruidas debido a los duros combates que hubo ahí; las culturas estaban destruidas, los animales de los hermanos de Malala habían muerto de hambre, pero por lo menos la casa de la familia estaba en pie, ¡y ella pudo reencontrar intactos todos sus libros!

La escuela Khushal, que había sido ocupada por el ejército, fue reparada y reabierta. El grupo de Malala tenía treinta alumnas y ella volvía a estudiar para ser mejor.

Sin embargo, los atentados de los talibanes regresaron poco a poco al valle de Swat. Malala se dio cuenta no sólo de que ellos no habían sido derrotados por el ejército, sino también de que, cuando creciera, quería ser política, para defender la libertad y los derechos de las personas.

Era ya entonces una joven muy conocida en el mundo entero. En octubre de 2011, con catorce años, fue nominada a un premio de paz internacional en favor de los derechos de los niños. No lo recibió, pero poco después ganó un premio en efectivo, otorgado por el gobernante de otra provincia pakistaní, para apoyar su acción en favor de los derechos de las niñas. Más importante aún fue lo que sucedió poco después: ganó el Premio Nacional de la Paz, creado por el gobierno de Pakistán. Ella era la primera a quien se entregaba el galardón, destinado a menores de dieciocho años, y se decidió que a partir de ese momento el premio llevaría su nombre.

Al recibirlo de manos del jefe de gobierno, en Islamabad, Malala le presentó una lista de problemas de su país que pensaba que él debía resolver. Pero al mismo tiempo pensó: «Un día seré política y yo misma haré estas cosas».

Cuando Malala regresó de la capital a la escuela, sus compañeras se habían puesto su mejor ropa para hacerle una bienvenida. En el pastel que prepararon estaba escrito con chocolate: «Éxito para siempre». Pero, según confesó más tarde, la premiada pensaba que cualquiera de ellas podría estar en su lugar si también tuviera el apoyo de sus padres.

No quiso para ella el dinero de los premios, sino para crear una fundación destinada a promover la educación de la infancia. Después de haber encontrado, a la orilla de un camino, a una niña vendiendo naranjas y haciendo líneas en un papel por cada naranja vendida, porque no sabía leer ni escribir, decidió que todo se destinara a que niñas como ella pudieran recibir educación.

Malala era ya tan conocida que viajó por primera vez en avión, con sus familiares, hasta Karachi, la ciudad más grande de Pakistán y una de las más grandes del mundo, para la ceremonia donde le pondrían su nombre a una escuela.

Pero la fama no siempre es buena. Malala representaba todo aquello que los extremistas querían extinguir: progreso social, liberación de la mujer, promoción de la igualdad entre los sexos, libertad de opinión y de expresión. Los talibanes comenzaron entonces a difundir en internet amenazas de muerte en su contra. A su casa llegaron también llamadas anónimas de personas que querían hacerle daño.

Al mismo tiempo aparecieron en las puertas de las mezquitas carteles no firmados que condenaban a la escuela Khushal por organizar excursiones con las alumnas para que hicieran pícnics, lo que a los talibanes les parecía inmoral.

Malala tenía quince años, iba a la secundaria y ni siquiera a causa de las amenazas dejó de ir a la escuela. El único cambio fue haber dejado de ir a pie (a pesar de que la escuela estaba cerca de casa), porque a su papá le pareció que no era seguro. Se iba en bicitaxi con otras niñas y regresaba con ellas en una camioneta.

El martes 9 de octubre de 2012, Malala había acabado de hacer un examen en el que le fue bien, e iba alegremente de regreso a casa en una camioneta donde viajaban veinte muchachas y tres profesoras.

De repente, un hombre joven de barba larga apareció a mitad del camino y ordenó que pararan la camioneta. Usaba una gorra con visera y tenía la boca y la nariz cubiertas con un pañuelo. Se acercó al vehículo y preguntó: «¿Quién es Malala?».

Nadie le respondió pero algunas niñas miraron en dirección a Malala, que era la única que llevaba el rostro descubierto. El hombre no dijo nada más: levantó una pistola negra y, con la mano temblorosa, le disparó tres tiros.

La primera bala le atravesó la cabeza a Malala y fue a parar en su hombro izquierdo. Como ella cayó en el regazo de su mejor amiga, que iba sentada a su lado, la segunda bala ya no la alcanzó, pero acertó en otra compañera. La tercera bala hirió a una muchacha más.

Malala perdió la conciencia y el atacante huyó.

Las tres muchachas tiroteadas fueron llevadas enseguida al hospital. La noticia corrió deprisa y, cuando se supo que Malala había recibido un tiro en la cabeza, los periodistas acudieron en gran número al hospital: prensa, radio y televisión (era enorme la expectativa).

El papá de Malala fue avisado de lo sucedido y la encontró en una camilla, con un vendaje en la cabeza, inconsciente, con los ojos cerrados. Le dio un beso. Afuera, pidió a través de los reporteros: «Recen por Malala».

Los médicos verificaron que la bala no había penetrado el cerebro de Malala, sólo había pasado muy cerca, pero había fragmentos de un hueso roto que ponían su vida en peligro. Las otras dos niñas habían sido alcanzadas por las balas sin que corrieran mayor riesgo, así que se recuperarían; sin embargo, el destino de Malala era incierto.

En Mingora no había las condiciones suficientes para atender a Malala, por lo que fue trasladada en una ambulancia, acompañada por su papá y por la directora de la escuela, y después en helicóptero a un hospital en la ciudad de Peshawar. El helicóptero pasó sobre la casa de Malala y su mamá, ya informada del crimen, se quitó el pañuelo de la cabeza —gesto muy raro en una mujer pastún— para agitarlo con las manos.

En Peshawar, los médicos se dieron cuenta de que Malala, aún inconsciente, estaba entre la vida y la muerte. Primero concluyeron que sería mejor no operarla, para ver si se recuperaba por sí sola. Pero después su estado empeoró, y entonces comenzaron con la operación (una decisión crucial). Descubrieron que su cerebro se había infectado debido a los fragmentos del hueso. Al mismo tiempo, aprovecharon para retirarle la bala del omóplato izquierdo. La intervención quirúrgica tardó cinco horas.

Pero, después de la operación, la situación de Malala seguía empeorando.

La noticia del ataque contra Malala rápidamente le dio la vuelta al mundo y suscitó una indignación mundial. Las personas no entendían cómo era posible que hubiera alguien con tanto odio contra una pacífica adolescente que sólo buscaba el bien de quienes eran como ella. Mucha gente importante condenó públicamente el atentado, como el secretario general de la Organización de las Naciones Unidas (ONU), Ban Ki-moon, y el presidente de los Estados Unidos de América, Barack Obama.

Siempre protegida por la tropa, para que nadie volviera a atacarla, Malala después fue llevada a un hospital con más recursos, en Rawalpindi, donde su situación clínica mejoró. Resistió y dejó de estar en peligro de muerte, pero los médicos concluyeron que era muy difícil que en Pakistán hubiera las condiciones suficientes para que se recuperara totalmente.

Entonces decidieron llevarla en avión a un hospital en Birmingham, en el Reino Unido, a más de doce mil kilómetros de distancia. Por primera vez Malala viajaba fuera de su país, pero sin tener idea de ello, pues continuaba dormida.

Despertó por fin en una cama de hospital, en otro continente, una semana después de haber sido víctima del atentado. Como es lógico, no entendía nada de lo que sucedía a su alrededor (no recordaba que le habían dado un tiro). Se dio cuenta, sin embargo, de que apenas podía moverse y de que el lado izquierdo de su cara estaba paralizado. No podía hablar y se comunicaba por medio de gestos y palabras escritas en un bloc de notas.

A la puerta del hospital en Birmingham se concentraron periodistas de todo el mundo, buscando obtener noticias sobre la situación clínica de Malala. Personas de los lugares más diversos continuaban al tanto del destino de la niña pakistaní cuyo único deseo había sido querer que todas las niñas pudieran aprender.

De todos los puntos del mundo habían llegado al hospital ocho mil postales, escritas sobre todo por niños, deseándole a Malala que se mejorara. Hasta su actriz favorita, Angelina Jolie, le envió un mensaje con deseos de pronta recuperación, así como la cantante Beyoncé, mientras que otra cantante, Madonna, le dedicó una canción.

Los papás y los hermanos de Malala volaron también a Birmingham, y dieciséis días después del atentado toda la familia se volvió a reunir en el cuarto del hospital. Fue un encuentro muy emotivo: aunque los médicos le habían salvado la vida, su sobrevivencia era vista como un milagro. Malala cree que fue Alá quien la salvó para que pudiera ayudar a otras personas.

El presidente de Pakistán fue también a visitarla al hospital de Birmingham. «Una muchacha admirable», comentó al final.

Fue operada durante ocho horas y media. A finales de enero de 2013, tres meses y medio después del atentado, salió por fin del hospital. Pero tuvo que volver después para ser operada, primero, del cráneo, y más adelante del oído izquierdo, del que había perdido la capacidad de oír.

En homenaje a su osadía y a su campaña por la educación libre para todos, la ONU escogió un día del calendario anual, el 10 de noviembre, como el Día Internacional de la Muchacha, lanzando al mismo tiempo la iniciativa «Una muchacha con un libro» —un álbum con fotografías de jovencitas de todo el mundo acompañadas de libros—. El secretario general Ban Ki-moon comentó: «Los terroristas nos mostraron qué es lo que más los aterroriza: una muchacha con un libro».

Las autoridades concluyeron que no era seguro ni para Malala ni para su familia que volvieran a vivir en el valle de Swat, por eso todos se quedaron a vivir en Birmingham.

Hoy Malala continúa en esa ciudad inglesa haciendo lo que más le gusta: estudiar, a pesar de la nostalgia que siente de su tierra de origen. «Habrá quien diga que nunca regresaré a casa», escribió ella, «pero creo firmemente, en el fondo de mi corazón, que volveré».

Para calmar un poco su nostalgia, habla muchas veces por internet con su mejor amiga, aquella en cuyo regazo cayó su cabeza cuando fue baleada. Su antigua compañera continúa en la escuela Khushal, donde es la mejor alumna de su grupo.

Malala decidió que dedicaría su vida a la defensa de la educación universal. No le gusta que la miren como la muchacha que sobrevivió a un ataque de los talibanes, sino como la que luchó por la educación. Transmitió esa idea en un libro autobiográfico acerca de su extraordinaria experiencia, que publicó en 2013, escrito con la ayuda de la periodista inglesa Christina Lamb y titulado *Yo soy Malala*.

Cuando cumplió dieciséis años, Malala fue invitada a dar un discurso en la Asamblea General de las Naciones Unidas, frente a las delegaciones de los casi doscientos países que existen en la Tierra. Hizo un llamado a los líderes mundiales para que garanticen la educación gratuita de todos los niños. Aseguró: «Un niño, un profesor, un libro y un lápiz pueden cambiar el mundo». La audiencia le aplaudió de pie.

Pocos meses después, el Parlamento Europeo decidió otorgarle el importante Premio Sájarov para la Libertad de Conciencia de 2013, por su lucha por los derechos de todos los niños a la educación. En su discurso al recibir el premio, recordó a los millones de niños que en todo el mundo son privados de educación y defendió que el poder de cada país no debería medirse por el tamaño de su ejército, sino por el grado de formación de sus ciudadanos y de acceso a los derechos fundamentales.

El 10 de octubre de 2014 se anunció que Malala era la ganadora del Premio Nobel de la Paz de ese año —junto con el indio Kailash Satyarthi, también un luchador incansable por los derechos de los niños, que busca liberarlos de la explotación a la que muchos están sujetos al ser obligados a trabajar en vez de estudiar—. El Nobel de la Paz es el más importante galardón que una persona puede recibir por el trabajo realizado en favor de la armonía entre los seres humanos.

Nunca alguien tan joven había recibido este premio, que es otorgado todos los años desde hace más de un siglo. Esto muestra el enorme reconocimiento que da el mundo al valor y a la acción de Malala, una heroína que se volvió más grande que la heroína que le dio nombre.

Malala y Kailash Satyarthi recibieron el Nobel el 10 de diciembre de ese año, en una ceremonia en Oslo, la capital de Noruega, presidida por el rey de este país, Harald V. Entre los asistentes estaban los papás y los hermanos de la joven pakistaní, quien fue la primera persona de su país a la que le otorgaron este importante premio.

En el emocionante discurso que dirigió a los presentes, Malala dijo: «Este premio no es sólo para mí, sino también para todos aquellos niños olvidados que quieren educación. Es para esos niños asustados que quieren paz. Es para esos niños sin voz que quieren un cambio. Estoy aquí para defender sus derechos, para hacer oír su voz [...] No es tiempo de compadecerse de ellos. Es tiempo de actuar, para que ésta sea la última vez que veamos a un niño privado de educación».

Y después se retrató de este modo: «Soy sólo una persona comprometida y testaruda, que quiere ver cómo todos los niños reciben educación de calidad, que quiere igualdad de derechos para las mujeres y que quiere paz en todos los rincones del mundo».

Enseguida contó la triste historia de otra muchacha del valle de Swat: «Una de mis mejores amigas de la escuela, de mi edad, ha sido siempre una chica audaz y segura de sí misma y soñaba con ser médica. Pero su sueño se quedó en el sueño. Cuando tenía doce años se le obligó a casarse y tuvo enseguida un niño, a una edad en que ella misma era aún una niña (tenía sólo catorce años). Estoy segura de que mi amiga habría sido una médica excelente. Pero no pudo ser... porque era niña».

Y prometió no desistir en su combate: «Quiero continuar esta lucha hasta ver que todos los niños estén en la escuela. Me siento mucho más fuerte después del ataque que sufrí, porque ahora sé que nadie puede detenerme [...] Mi gran esperanza es que sea ésta la última vez que tengamos que luchar por la educación de nuestros niños. Queremos que todos se unan para apoyarnos en nuestra campaña, para que podamos resolver esto de una vez por todas [...] Pedimos a los líderes mundiales que se unan y hagan de la educación su prioridad más importante [...] Vivimos una edad moderna, el siglo XXI, y todos creemos que nada es imposible. Llegamos a la Luna y tal vez pronto aterrizaremos en Marte. Por lo tanto, en este siglo debemos tomar la determinación de que nuestro sueño de una educación de calidad para todos se convierta en realidad. [...] Todos necesitamos contribuir. Yo. Ustedes. Es nuestro deber».

Claro que los talibanes no estuvieron de acuerdo con la entrega del Nobel a Malala. Uno de sus portavoces comentó que «le dieron ese premio porque abandonó la religión musulmana para convertirse al laicismo». (El laicismo es una doctrina que defiende la separación del Estado y de la religión y la neutralidad del Estado en materias de naturaleza religiosa).

Pero Malala sigue cultivando todas sus convicciones, ya sean religiosas o sociales, y a pesar de su corta edad, se ha ganado la admiración y el respeto de toda la humanidad. Ya dejó de ser la niña curiosa del valle de Swat para ser una fuente de inspiración para todos nosotros.

La Fundación Malala

Con el dinero de los premios que ha recibido, Malala creó una fundación con su nombre que administra un fondo financiero destinado a garantizar el acceso de todos los niños paquistaníes a la escuela y el derecho de las muchachas a tener una educación igual a la de los muchachos.

Si entras a la página de internet de la fundación (www.malalafund.org) podrás enterarte de todo lo que Malala busca hacer en pro de los derechos de las muchachas, no sólo para la educación, sino también para una vida libre.

También puedes seguir las actividades de Malala en Facebook. Basta con darle un «me gusta» a su página (Malala Yousafzai Official) o a la de su fundación (Malala Fund), y así te enterarás de las noticias acerca de ella: estar informado sobre los buenos proyectos en pro de la paz y del bienestar de la humanidad ya es una forma de cambiar el mundo.

Recuerda que tú también puedes ayudar a fomentar la importancia de la educación en la felicidad y en el progreso de la sociedad. En primer lugar, valorando el hecho de que puedes aprender y de que tienes garantizado tu derecho a la educación: ir a la escuela todos los días es tu mejor instrumento para construir un futuro mejor para ti y para todos. ¡Saber es poder! Y si conoces a niños que por alguna razón no van a la escuela, intenta contribuir para que eso cambie. ¿Por qué razón no asisten? Es un derecho que les es negado. ¿Qué podemos hacer para que regresen a la escuela?

¡Todos podemos ser Malala, todos los días!

Ten presente que en todo el mundo hay casi sesenta millones de niños (la mayoría muchachas) que no van a la escuela, es decir, dos de cada diez niños. La escuela enseña a escribir, a leer, a contar, a resolver problemas, a conocer otras lenguas y sobre todo a pensar. Tener educación es tener poder. E ir a la escuela sin miedo es una felicidad.

¿Alguna vez has visto cómo son algunas escuelas en lugares más pobres? A veces no hay dinero para construir edificios escolares, pero hay personas que quieren ayudar a los niños a aprender, improvisando espacios e instalaciones. A pesar de que las clases son impartidas con pocos recursos y sin un espacio acogedor, es una forma de que los niños aprendan, que es lo esencial.

Aprender otras lenguas es aprender nuevas formas de comprender el mundo.

Palabras que puedes aprender en urdu, la lengua de Malala:

Assalamo aleikum!: ¡Hola, buen día!
(Es un saludo que significa, literalmente, «la paz esté contigo».)

Shabb-bachär!: ¡Buenas noches!

Khuda hafiz!: ¡Adiós!

Dschii haan: Sí.

Nahin: No.

Schukria: Gracias.

Mehar-baani: De nada.

Maaf kii dschiye ga: Perdón.

Btschao!: ¡Auxilio!

Inspírate y reflexiona con Malala

Frases de Malala extraídas de algunos de sus discursos.

«Un niño, un profesor, un libro y un lápiz pueden cambiar el mundo. La educación es la solución».

«La educación no es oriental ni occidental; la educación es educación y es un derecho de todos y cada uno de los seres humanos».

«La mejor forma de luchar contra el terrorismo y el extremismo es haciendo algo muy simple: educar a la próxima generación».

«Quiero educación para los hijos e hijas de todos los extremistas, especialmente para los hijos e hijas de los talibanes. Es por eso que ellos atacan escuelas todos los días: porque le tienen miedo al cambio, a la igualdad que traeremos a nuestra sociedad».

«La educación les da poder a las mujeres y por eso los terroristas le temen a la educación».

«Ellos pensaban que las balas nos callarían, pero fallaron.
El silencio se transformó en miles de voces».

«Paz en todos los hogares, todas las calles, todas las aldeas, todos los países, ése es mi sueño. Educación para todos los niños del mundo. [...] Ver a todos los seres humanos con una sonrisa de felicidad es mi mayor deseo».

«No me importa si en la escuela tengo que sentarme en el suelo. Todo lo que quiero es educación».

«¿Por qué los países que consideramos "fuertes" son tan poderosos creando guerras pero tan débiles para traer la paz? ¿Por qué dar armas es tan sencillo, pero donar libros tan difícil? ¿Por qué construir tanques es tan fácil, pero construir escuelas tan difícil?».

«Un país más fuerte no se mide por el número de sus soldados, sino por su índice de alfabetización».

«Hubo un tiempo en que las activistas les pedían a los hombres que defendieran los derechos de la mujer. Esta vez lo haremos nosotras mismas».

Y recuerda (como lo hizo notar Ban Ki-moon) que el miedo más grande de los terroristas fue una muchacha de catorce años con un libro.

¡Saber es poder!

Saber es poder:
Entérate de cuáles son los derechos
de los niños

Declaración de los Derechos del Niño

Proclamada por las Naciones Unidas el 20 de noviembre de 1959

Considerando que la humanidad debe al niño lo mejor que puede darle, la Asamblea General de la ONU proclama la presente Declaración de los Derechos del Niño a fin de que éste pueda tener una infancia feliz y gozar, en su propio bien y en bien de la sociedad, de los derechos y libertades que en ella se enuncian, en conformidad con los siguientes principios:

Principio 1

El niño disfrutará de todos los derechos enunciados en esta Declaración. Estos derechos serán reconocidos a todos los niños sin excepción alguna.

Principio 2

El niño gozará de una protección especial y dispondrá de oportunidades y servicios, dispensado todo ello por la ley y por otros medios, para que pueda desarrollarse física, mental, moral, espiritual y socialmente en forma saludable y normal, así como en condiciones de libertad y dignidad.

Principio 3

El niño tiene derecho desde su nacimiento a un nombre y a una nacionalidad.

Principio 4

El niño debe gozar de los beneficios de la seguridad social. Tendrá derecho a crecer y desarrollarse en buena salud. El niño tendrá derecho a disfrutar de alimentación, vivienda, recreo y servicios médicos adecuados.

Principio 5

El niño física o mentalmente impedido debe recibir el tratamiento, la educación y el cuidado especiales que requiere su caso particular.

Principio 6

El niño, para el pleno y armonioso desarrollo de su personalidad, necesita amor y comprensión. La sociedad y las autoridades públicas tendrán la obligación de cuidar especialmente a los niños sin familia o que carezcan de medios adecuados de subsistencia. Para el mantenimiento de los hijos de familias numerosas conviene conceder subsidios estatales o de otra índole.

Principio 7

El niño tiene derecho a recibir educación, que será gratuita y obligatoria por lo menos en las etapas elementales. El niño debe disfrutar plenamente de juegos y recreaciones, los cuales deben estar orientados hacia los fines perseguidos por la educación.

Principio 8

El niño debe, en todas las circunstancias, figurar entre los primeros que reciban protección y socorro.

Principio 9

El niño debe ser protegido contra toda forma de abandono, crueldad y explotación. No será objeto de ningún tipo de trata.

Principio 10

El niño debe ser protegido contra la discriminación racial, religiosa o de cualquier otra índole. Debe ser educado en un espíritu de comprensión, tolerancia, amistad entre los pueblos, paz y fraternidad universal, y con plena conciencia de que debe consagrar sus energías y aptitudes al servicio de sus semejantes.

Ésta es una versión abreviada de la Declaración de las Naciones Unidas que, si quieres conocer en su totalidad, puedes leer aquí: *https://www.oas.org/dil/esp/Declaraci%C3%B3n%20de%20los%20 Derechos%20del%20Ni%C3%B1o%20Republica%20Dominicana.pdf*

Como ves, lo que Malala defiende ya fue reconocido desde hace mucho tiempo por todos los países, y ella se limitó a defender sus derechos, como dice en el Principio 10, a tener «plena conciencia de que debe consagrar sus energías y aptitudes al servicio de sus semejantes».

¡Todos podemos ser Malala, todos los días, en lo que hacemos por nosotros y por los demás!